Helmut Steiner

Klagelieder

AF219625

Zum Autor

Helmut Steiner, 1956 in Krems an der Donau in Niederösterreich geboren, wuchs in einer Arbeitersiedlung am Stadtrand von Krems auf. Er studierte in Wien und verbrachte danach mehrere Jahre in Deutschland. Seit 1990 ist er als Selbstständiger im Bereich Forschung und Softwareentwicklung für das Gesundheitswesen tätig. In jungen Jahren als Musiker und Komponist aktiv, hat er über das Schreiben einen neuen Zugang zu kreativem Schaffen gefunden. „Klagelieder" ist das dritte Lyrikwerk des Autors. Mit „Novemberwind" und „Zwischen den Zeilen" liegen bereits zwei Gedichtbände vor.

Helmut Steiner

Klagelieder

Lyrik

Poetischer Monolog

zu Werken der Ausstellung
Kunst im Knochenwald
3471 Neudegg 71

literatur
thürnthal

Impressum

Bibliografische Information der Deutschen Nationalbibliothek:
Die Deutsche Nationalbibliothek verzeichnet diese Publikation
in der Deutschen Nationalbibliografie; detaillierte bibliografi-
sche Daten sind im Internet über http://dnb.dnb.de abrufbar.

© 2021 Helmut Steiner

Weitere Mitwirkende:
Kurator SEPTICWAG
Autorenporträt © HSP Helmut Steiner Productions
Abbildung Cover: Günther Blenke: "Kettenfigur"
Abbildund Rückseite: Romana Hostnig: "Fragil"

Herstellung und Verlag: BoD – Books on Demand, Norderstedt

ISBN: 978-3-7557-1199-5

Prolog

Der Knochenwald ist ein von Menschenhand mit Linien gestalteter Raum, in dem sich die Bildende Kunst von der Natur durch Disput nicht regeln lässt, sondern sich im Dialog täglich verändert.
SEPTICWAG

Die ausstellenden Künstler mögen mir meine Sicht ihrer Werke verzeihen, sie deckt sich oft nicht mit der Intention der Schaffenden, ist Ausdruck meiner Gefühle und entbehrt somit jeglicher Objektivität.

Tief im Hintergrund der Betrachtung des Themas "Klage" schlummert wohl die Frage, was diese Evolution dazu bewogen hat, in ihren für mich sichtbaren Zielen auf Fressen und gefressen werden zu basieren und so der Quell der Klage zu sein.

Helmut Steiner

Immer wieder zieht uns dieser verwilderte Garten im niederösterreichischen Neudegg bei Großriedenthal in seinen Bann, wenn Kunst mit der Natur verschmilzt, aus dichtem Strauchwerk ruft, über verwachsene Mulden und umwuchertes Gemäuer ihre Fäden zu unseren Gedanken spinnt und uns über verschlungene Pfade in ihre Welt lockt.

Inhalt

SEPTICWAG
JAHRTAUSENDLÜGE

Bild 1 Welt, Zeit und Sein

Erkenntnis

Selten überfällt uns das Gefühl,
Teil dieser Evolution zu sein,
das Leben zu vergeuden
im Haschen nach Bedeutung und Wichtigkeit,
nach genau den Mechanismen,
die wir glaubten überwinden zu können,
überwunden zu haben,
nach Erlangung von kleinen Körnchen
an Bedeutung und Wichtigkeit.
Nur das Alter und das Sterben helfen bei der Erkenntnis,
als Teil der Herde, der Spezies, der Art alles richtig für
die Herde, dennoch, weiter gedacht, alles falsch
gemacht zu haben.

WALTER FLETZER
GEZERRE NAHE DEM WASSER

10

Umfeld

deine Welt
deine Gewohnheiten
deine Träume
deine Termine
deine Bekannten
deine Beziehungen
deine Kinder
dein Haus
dein Heim
dein Gewand
deine Möbel
deine Pfade
deine Rille
deine Rinne
dein Grab
also dein Ich.

IZABELA ZABIEROWSKA
VERSCHLUNGEN

HANNA SCHEIBENPFLUG
VARIATIO DELECTAT

Unrund

Was soll ich tun
gegen den Weltenschmerz
der ständig dringt in mein Herz?

Sei unrund!

Designerfrucht

Aus Kunststofftassen grinst mit bunten Backen
leuchtend, glänzend, folienverhüllte Meute.
Wassergeblähte, zäh ummantelte Zellhaufen,
gezeugt in Schalen,
gezogen auf Watte und Styropor,
gedüngt aus Automaten,
immun durch Gene und Chemie,

so liegen sie da und lachen.

JOHANNES PICHLER
NACKAPATZI

Zu meiner Zeit

da wusst ich dass ich lebe,
jetzt bin ich tot,
da weiß ich, dass ich webe
Gedanken und Geschichten
zu meiner Zeit.
Doch meine Welt fraß meine Zeit
und mich.
Und ich bin tot.

LUKAS MARIA OPPENHAUER
ARTEFAKT

16

Abfall (nach Goethe)

Aus dicken Rohren rinnt Schleim,
bei jedem Pumper spürest du,
kaum deinen Bauch.
Verätzt die Glieder,
im Schädel nur Rauch.

Falsche Vorstellungen

werden oft überfahren.
Die unter den Rädern
spüren das oft nur kurz.

CORNELIA CAUFMANN
DIE TÜR IST OFFEN

Vom Reden

Der redet nicht viel,
also macht euch drauf gefasst,
dass er schweigt.

Wie ich Rede

Manchmal sage ich, ich rede nichts
und lieb auch nicht zu reden.
Wenn ich dann was rede,
dann denken alle, dass ich schweige,
obwohl ich wie im Traum die Lippen bewege
um Worte zu formen.
Würde ich sagen, ich schweige nie,
dann wäre das Reden ein einziges Schweigen.
Ich schreibe nichts mehr und sage nichts mehr
ich fühle nur mehr.
Das ist besser für mich.

RENATE KORINEK
APOSTEL NR. 2

Gott klagt

Gott: Anima, was sind das für Geschöpfe, die ich da geschaffen habe?

Anima: Es sind Kreaturen. Sie entsprechen exakt dem Schema, das du der Evolution auf diesem Planeten zugewiesen hast.

Gott: Das Treiben dieser Wesen verängstigt mich ein wenig...

Anima: Keine Angst, so schnell sie auch entstanden sind, so rasch vergehen sie auch wieder.

Gott: Aus den Öffnungen ihrer Nester strömt buntes Licht!

Anima: Du siehst das Licht ihrer Altäre.

Gott: Jeder hat seinen eigenen Altar?

Anima: Ja. Jeder. Viele haben 2, oder 3, größer, oder kleiner.

Gott: Was machen sie vor dem Altar?

Anima: Sie knien nicht davor. Sie sitzen, kauern, oder liegen. Dabei stopfen sie Nahrung in ihre Körper und trinken berauschende Säfte.

Gott: Wen beten sie da an?

Anima: Ihre Vorbilder in Form von Modellen, die ihnen ihre oberste Kaste darbietet. Es wird ihnen vermittelt, wofür sie arbeiten müssen und was sie alles bekommen können, wenn sie brav dienen.

Gott: Wieso sind sie nicht alle in meinen Häusern?

Ich sandte doch erst vor kurzem meinen Sohn, um sie auf den rechten Weg zu weisen.

Anima: Sie gehen kaum mehr aus ihren Nestern raus, es sei denn sie huschen zur Arbeit. Aber die Oberen planen, die Arbeit nur mehr durch Maschinen verrichten zu lassen. Dann können die Arbeiter den ganzen Tag vor dem Altar liegen.

Gott: Was ist mit der Gemeinschaft?

Anima: Die ist nur mehr virtuell. Sie wird ihnen am Altar vorgespielt.

Gott: Das nehmen die alle so hin?

Anima: Die Wenigen, die es wagen Kritik zu üben, halten sie kurz, machen sie mundtot, ein paar bringen sie auch um.

Gott: Ich glaube es nützt nichts mehr, wenn ich meinen Sohn noch einmal schicke. Soll ich den Planeten zerstören?

A: Nein. Wenn sie so weiter machen, vernichten sie sich früher oder später ohnehin selbst. Gib ihnen vorerst noch eine Chance!

G: Wie wollen wir das anstellen?

A: Wir könnten zunächst die Signale zu ihren Altären hacken.

Klagemäuerchen

Kunststein schnürt sich durch die Siedlung,
gesäumt von verkrüppelten Nadelgehölzen.
Tonschädel aus Fernost mit Ringellocken
grinsen über den kurzgeschorenen Rasen.

Zwei Löwen aus Plastik auf den Torpfeilern,
Zäune aus Metallstangen,
mit grünem Kunststoff überzogen,
darauf goldene Plastikzwiebeln mit Spitzen.

Dahinter Bäumchen mit Ästen,
die nach unten wachsen.
Nur sinnloser Zierrat umgibt sie,
die Untoten.
Das Dunkel nur erhellt
durch buntes Licht
ihrer breiten Altäre.

SONIA GANSTERER
EXTERIEUR II

Kleinstadt - Klage

Drückende Schwüle lastet auf dem Platz. Quellwolkentürme über den Dächern im Westen, zwischen Dunkelsteinerwald und Jauerling, kündigen ein nahendes Gewitter an. Eine Bank, gekettet an einen Pfeiler der Pestsäule.

Im Schatten des mächtigen Säulensockels lädt sie ein, kurz auszuharren. Ich setze mich, strecke die Beine aus. Der Platz ist menschenleer. Die Pflastersteine zittern unter der in der brütenden Hitze flirrenden Luft.

Früher hatte ich zwei Bretter als Rückenlehne, das war viel bequemer. Jetzt brauche ich nur mehr Eines, es bleibt ohnehin nie jemand länger sitzen in der niedergehenden Stadt, klagt die Bank.

Ich betrachte das angekettete Ende der Bank. Die Kette ist durch den schmiedeeisernen Seitenteil der Bank geschlungen. Ein rostiges Vorhängeschloss verbindet die Kettenenden kurz vor dem Pfeiler. Ich schweige und lausche.

Die meisten Geschäfte hier sind geschlossen, sperren nie wieder auf. Die Leute fahren lieber zu den Einkaufszentren im Osten der Stadt, seufzt die Bank. Dort brauchen sie auch keinen Parkplatz zu suchen, und vor allem fürs Parken nicht zu zahlen. Die wenigen Läden, die noch da sind werden wohl auch bald schließen. Die wuchernden Mietpreise werden die Ladner aus der Stadt vertreiben. Mit ihnen verliert die Stadt ihre Seele.

Ich führe meine Fingerspitzen über das Holz der Rückenlehne.

Ja das tut gut, stöhnt die Bank, bleib noch ein bisschen bei mir!

Der Inhaber des ´Copy Shop´ am Ende des Platzes wankt angetrunken aus der Toreinfahrt neben seinem Geschäft. Unsicheren Schrittes überquert er den Platz und verschwindet in einer Seitengasse. 1610 prangt am prunkvollen Torbogen.

Ein leerer Postbus fährt vor, er hält an. Fauchend öffnet die Hydraulik die Türen des Busses. Der Chauffeur kratzt gelangweilt seine Glatze. Es steigt niemand zu. Der Bus tuckert weiter durch die gepflasterte Einöde.

HANNA SCHEIBENPFLUG
WESPENNEST

26

Großstadtklage

So erbarmungslos grausam, geplant von kleinkarierten Ärschen diese Stadt auch zerstört wurde, so schmerzend steht ihr Erscheinungsbild heute wieder da. Zerstört in Sinnlosigkeit, von Reißbrettstrategen, deren Weiber sich Dauerwellen legen ließen, während Nurses sich um die Kinderchen kümmerten und vertrockneter Rasen Krämpfe in der Bauchgegend des Wohlstands erzeugte.

In solche Sattheit getunkte Überheblichkeit des kleinbürgerlichen Denkens plättet Metropolen, begräbt unzählige Leben unter sich, während die Nanny die Frühstückseier für die verwöhnten Fratzen aufklopft, während die Beine und die Ärmchen der Kinder am anderen Ende der Welt aus den Gelenken gerissen werden.

Das geht mir durch den Kopf, wenn ich da spaziere, durch die Kathedrale des Grauens.

SEPTICWAG
KONTINGENT ERSCHÖPFT

Bild 2 Kunst

Panem et Circenses

Seefestspiele,
Burgfestspiele,
Starnacht aus der Wachau,
Kellergassentheater,
Musical und Spaßtheater.

Musst du sehen!
So schön!
Und so lustig!
Der Bus fährt hin!

Ich Künstler!

Was du?
Künstler!
Was Kunst?
Das, was ich mache.

SEPTICWAG
ES GEHT WEITER...

Klagehaufen

Großer Haufen, große Galerie,
kleiner Haufen, kleine Galerie,
winziger Haufen, keine Galerie.

Landeshauptmann, großer Haufen,
Bezirkshauptmann, mittlerer Haufen,
Bürgermeister, kleiner Haufen,
Kulturgemeinderat, winziger Haufen,
Künstlerschar – unsichtbar.

STEFANIA ZORZI
NON AVEDA UNA SEDIA PER ME?

32

Kunstbegriff

Das Großbürgertum hat unseren Kunstbegriff so
vereinnahmt und geprägt,
dass wir ihn immer mitnehmen, ihn nicht los werden.

Ihr wartet auf den großen Durchbruch?
Ihr wollt Bewunderung und Geld nach diesen
überkommenen Maßstäben?
Bewunderung von Mitläufern, Geld von Säcken?

Ihr braucht das nicht.
Ihr habt doch längst eine eigene Ethik und Ästhetik.
Lasst uns diesen Kunstbegriff zerstören.

ROMANA HOSTNIG
RÜHR MICH NICHT AN

Miniatur

Lebe wieder,
male wieder,
schreibe wieder,
haue wieder
den Schmerz, das Leid,
in ein Kleid.
Zieh es an und schaue die Welt.

WALTER FLETZER
HOFFNUNGSVOLL AUS DER ZUKUNFT

Schlagzeilen, mehr für Insider

Viertelfestival 2030

Kirchberger Künstler fackeln Gefängnis ab.

STEFANIA ZORZI
4 MESI / 4 Monate

Bild 3 Herrenschaft

Jedermann

Jeder Mann ist wie ein kleiner Bub,
jede Frau wie ein kleines Mädchen,
das immerfort,
über Generationen.
Wer erfüllt deren Wünsche?

DUB – GABRIELE LEHNER
MAMA VOODOO

40

60 Jahre

Wie sich die Welt verändert hat?
Gar nicht?
Die Gier nach Macht und Geld war immer da.
Und die, die gieren, die Gierigen, Skrupellosen,
hinter ihren glatten Fassaden –
mit Prunk und Pomp verhüllen sie ihre Fratzen.

Wie schnell und effektiv sie geworden sind.
Mit Technik und Netzen.
Wie geschickt sie eindringen, um uns zu versklaven.
Sie korrumpieren und sie hetzen, zu ihrem Nutzen.

Selbst werden sie sich zerfleischen und verzehren, wenn
keiner mehr da ist.
Bis der letzte von ihnen im eigenen Dreck erstickt.

SEPTICWAG
NACHBARIN

Der Glashütten - Explorer

Nach monatelanger Handarbeit
führt er dich endlich ans Ziel,
in glasgeschwängerte Spitzen von Machttempeln,
auf Achterdecks von Luxusyachten,
an Schlächterpratzen
und gierigen Tatzen,
du gewöhnliche Uhr!

DER SCHWARZE SCHRITT
WIR KOMMEN IN FRIEDEN

44

Krieg um Dich

Sie führen Krieg um Dich, meine Liebe,
mit allen Mitteln.
Um Dich zu kriegen.

In allen Medien,
auf deinem Computer,
deinem Pad, deinem Tablet,
ungebeten.

Sie locken dich am Smart Phone,
mit zuckersüßen Apps,
um dich dann zu peitschen
in ihren Käfig.

Sie wollen keine Münzen mehr,
erst ziehen sie an den Karten,
dann nisten sie in deinem Hirn.
Und du gebierst dann Sklaven.

MARIUS GOLSER
DIE TRÄUMENDE

Miniatur 6 Oh, ich Mann

Ich Mann,
ich Obmann,
ich Präsident!

Vieles ich kann!
Pinkeln in Erde,
pinkeln in Schnee
und pinkeln in Klee!
Das kann ich per se.

DER SCHWARZE SCHRITT
JUST IN TIME

Die Obmannkrankheit

Der Obmann ist gerne Obmann.
Er fühlt, wie wichtig er ist,
er gebärdet sich auch so.
Der Obmann sagt gern ´meine Leute´.
Er kratzt und beißt, wenn er kritisiert wird.
Der Obmannkrankheit ist jedes Mittel recht zur
Verteidigung ihrer Position.

Die Spitzen der ISMEN und IGIONEN

Eine Mischung aus Halbbildungsbürgertum
und Brutalität,
wohl wissend um die beißende Meute,
die sich unter ihrer Ägide angesammelt hat,
deren Steuerung sie übernommen hat,
deren Gewalt und Meucheleien
sie jederzeit aktivieren kann,
wie es ihr gefällt,
mit Lust an Macht und Geld.

SEPTICWAG
LEBENSZIEL

Keine Klage mehr

Der Körper nährt sich aus sich selbst,
er zehrt das Fleisch.
Nur noch blasse, dünne Haut
bedeckt die Knochen.

Alles ist genommen,
Hab und Gut.
Jetzt nehmen sie das Ich,
sie nehmen Dich.

Gewiss ist das Ende,
es kommt morgen, übermorgen,
in ein paar Tagen,
besser morgen.

Entschwunden die Hoffnung,
verstummt die Klagen.

Der Kopf am morschen Holz,
die Gruben gekalkt,
getürmt die ausgemergelten Körper.

Burschen

Wir werden wieder von Burschenschaftern regiert.

RICHARD KÜNZ
FORMATION

Bild 4 Verlorene Gedanken

Dominum Terrae

Herrscher und Besitzer der Natur!
Macht euch die Erde untertan!
Schrecklich!

Ein neues Weltbild

Pragma und Koma wohnen in einem Zelt.
Koma stammelt:
Du könntest so lange saufen bis du ich wirst.
Pragma schlussfolgert kühl:
Ich müsste das dann jeden Tag machen,
um mir selbst treu zu bleiben!
Koma:
Nein, belassen wir es beim Alten.
Es ist einfacher so.

GÜNTHER BLENKE
THRON DES DIONYSUS

Es gibt nur Musik

Ihr wisst, welche ich meine,
aus welcher Zeit auch immer,
es gilt kein Genre,
es gibt nur Bewegtheit.
Sie greift nach dir,
sie erregt dich,
sie lässt dich tanzen
und es schwingt dein Sein.

MARIUS GOLSER
MY SLEEPING KARMA

56

Miniatur 8 Verloren

Gedankenverloren zog ich dahin,
zum Bahnhof Heiligenstadt
und bin beim Bahnhof Nussdorf angelangt.

Zum Schluss

Als ich da saß
am Ufer meiner Zeit
wurd mir bewusst
die Ewigkeit.

Stationen und Werke KNOCHENWALD 2018

1. GÜNTHER BLENKE "KETTENFIGUR"
2. RICHARD KÜNZ "FORMATION"
3. HANNA SCHEIBENPFLUG "WESPENNEST"
4. SEPTICWAG "ES GEHT WEITER..."
5. ROMANA HOSTNIG "RÜHR MICH NICHT AN"
6. DUB – GABRIELE LEHNER "MAMA VOODOO"
7. JOHANNES PICHLER "NACKAPATZI"
8. SEPTICWAG "NACHBARIN"
9. HOSTNIG ROMANA "FRAGIL"
10. SEPTICWAG "LEBENSZIEL"
11. HANNA SCHEIBENPFLUG "VARIATIO DELECTAT"
12. STEFANIA ZORZI "4 MESI / 4 MONATE",
    "INSIDE", "THEY WILL EAT US", "CAN I OPEN IT?"
13. MARIUS GOLSER "DIE TRÄUMENDE"
14. WALTER FLETZER "GEZERRE AM WASSER"
15. SONIA GANSTERER "EXTERIEUR II",
    "UND UM MICH ZITTERT DIE SOMMERLUFT"
16. STEFANIA ZORZI "NON AVETE UNA SEDIA PER ME?"
17. LUKAS MARIA OPPENHAUER "ARTEFAKT"
18. SEPTICWAG "KONTINGENT ERSCHÖPFT" (IN ARBEIT)
19. IZABELA ZABIEROWSKA "VERSCHLUNGEN"
20. RENATE KORINEK "APOSTEL NR.2"
    AUS DER SERIE "DIE ZWÖLF APOSTEL"
21. MARIUS GOLSER "MY SLEEPING KARMA"
22. CORNELIA CAUFMANN "DIE TÜR IST OFFEN"
23. DER SCHWARZE SCHRITT "JUST IN TIME"
24. DER SCHWARZE SCHRITT "WIR KOMMEN IN FRIEDEN"

DORFEINFAHRT
25. OTTENTHAL: WALTER FLETZER
    "HOFFNUNGSVOLL AUS DER ZUKUNFT"
26. GROSSRIEDENTHAL:
    SEPTICWAG "JAHRTAUSENDLÜGE"
27. RADLBRUNN: GÜNTHER BLENKE
    " THRON DES DIONYSUS"

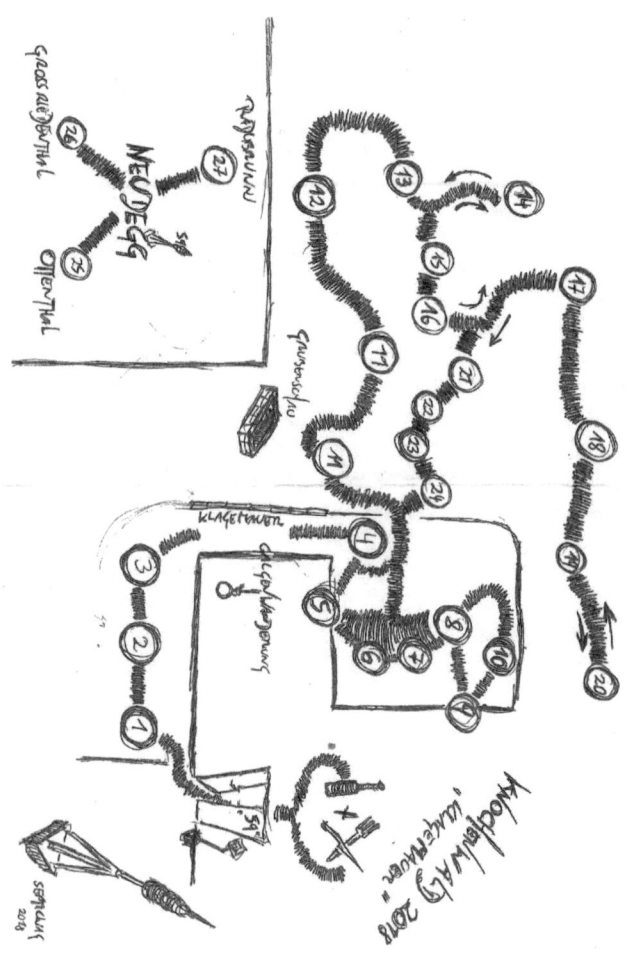